Mis emociones
TRISTE

Un libro de Las Raíces de Crabtree

AMY CULLIFORD

Traducción de Pablo de la Vega

CRABTREE
Publishing Company
www.crabtreebooks.com

Apoyos de la escuela a los hogares para cuidadores y maestros

Este libro ayuda a los niños en su desarrollo al permitirles practicar la lectura. Abajo están algunas preguntas guía para ayudar al lector a fortalecer sus habilidades de comprensión. En rojo hay algunas opciones de respuesta.

Antes de leer:

- ¿De qué pienso que trata este libro?
  - *Este libro es sobre estar triste.*
  - *Este libro es sobre cómo se ve estar triste.*
- ¿Qué quiero aprender sobre este tema?
  - *Quiero aprender qué me hace sentir triste.*
  - *Quiero aprender cómo se ve una persona triste.*

Durante la lectura:

- Me pregunto por qué...
  - *Me pregunto por qué fruncimos el ceño cuando estamos tristes.*
  - *Me pregunto por qué lloramos.*
- ¿Qué he aprendido hasta ahora?
  - *Aprendí cómo se ve una persona triste.*
  - *Aprendí que la gente llora cuando está triste.*

Después de leer:

- ¿Qué detalles aprendí de este tema?
  - *Aprendí que hay muchas cosas que pueden hacer que una persona se sienta triste.*
  - *Aprendí que es bueno decirle a la gente que estás triste para que puedan ayudarte.*
- Lee el libro una vez más y busca las palabras del vocabulario.
  - *Veo la palabra **perder** en la página 4 y las palabras **frunzo el ceño** en la página 6. Las demás palabras del vocabulario están en la página 14.*

¿Qué me hace
sentir **triste**?

Perder me hace sentir triste.

Frunzo el ceño
cuando estoy triste.

Que mi **amiga** se mude lejos me hace sentir triste.

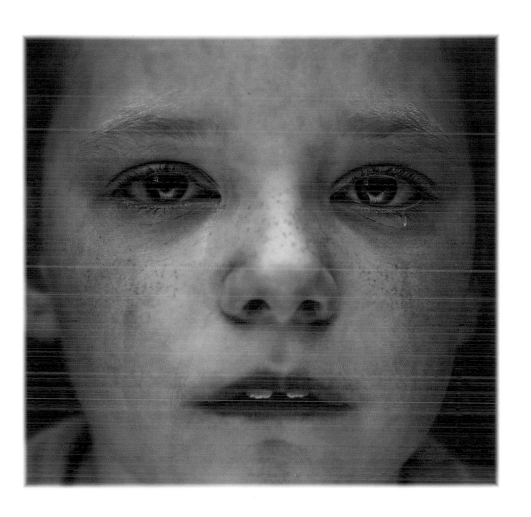

Lloro cuando estoy triste.

Es bueno decirle a un amigo que estás triste.

Un amigo puede ayudarte.

¿Qué te hace
sentir triste?

Lista de palabras
Palabras de uso común

a	hace	se
cuando	me	te
el	mi	un
es	que	
estoy	qué	

Palabras para conocer

amiga

frunzo el ceño

lloro

perder

triste

48 palabras

¿Qué me hace sentir **triste**?

Perder me hace sentir triste.

Frunzo el ceño cuando estoy triste.

Que mi **amiga** se mude lejos me hace sentir triste.

Lloro cuando estoy triste.

Es bueno decirle a un amigo que estás triste.

Un amigo puede ayudarte.

¿Qué te hace sentir triste?

Mis emociones
TRISTE

Written by: Amy Culliford
Designed by: Rhea Wallace
Series Development: James Earley
Proofreader: Ellen Rodger
Educational Consultant:
Marie Lemke M.Ed.
Translation to Spanish:
Pablo de la Vega
Spanish-language lay-out and
proofread: Base Tres
Print and production coordinator:
Katherine Berti

Photographs:
Shutterstock: Juan Pablo Gonzaález: cover; Eveny
Atamanenko: p. 1; icsnaps: p. 3, 14; Brocreative: p. 5,
14; Evgenyrychko: p. 7, 14; TTstock: p. 8, 14; Matryoha
p. 9, 14; szefei: p. 10-11; wavebreakmedia: p. 13

Library and Archives Canada Cataloguing in Publication

Title: Triste / Amy Culliford.
Other titles: Sad. Spanish
Names: Culliford, Amy, 1992- author. | Vega, Pablo de la, translator.
Description: Series statement: Mis emociones | Translation of: Sad. |
    Translation to Spanish: Pablo de la Vega. | "Un libro de las raíces
    de Crabtree". | Text in Spanish.
Identifiers: Canadiana (print) 20210208015 |
    Canadiana (ebook) 20210208023 |
    ISBN 9781427140029 (hardcover) |
    ISBN 9781427140081 (softcover) |
    ISBN 9781427139900 (HTML) |
    ISBN 9781427139962 (EPUB) |
    ISBN 9781427140142 (read-along ebook)
Subjects: LCSH: Sadness in children—Juvenile literature. |
    LCSH: Sadness—Juvenile literature.
Classification: LCC BF723.S15 C8518 2022 | DDC j152.4—dc23

Library of Congress Cataloging-in-Publication Data

Available at the Library of Congress

Crabtree Publishing Company

www.crabtreebooks.com   1-800-387-7650

Printed in the U.S.A./062021/CG20210401

Published in the United States
Crabtree Publishing
347 Fifth Avenue, Suite 1402-145
New York, NY, 10016

Published in Canada
Crabtree Publishing
616 Welland Ave.
St. Catharines, Ontario L2M 5V6